L'océan Arctique
L'AMÉRIQUE DU NORD (LA CONCACAF) P. 12
L'océan Pacifique
L'océan Atlantique
L'AMÉRIQUE DU SUD (LA CONMEBOL) P. 18
L'OCÉANIE (L'OFC) P. 40

La Terre est ronde comme un ballon.

Elle est vaste et variée : on y rencontre des paysages, des climats, des peuples, des langues et des façons de vivre très différents. Nous sommes plus de 7 milliards d'êtres humains, et chacun est unique. Pourtant, certaines choses nous rapprochent et nous font nous ressembler.

UN SPORT PLANÉTAIRE

Il y a plus de 2 000 ans, Grecs, Romains ou Chinois s'amusaient déjà à taper dans une balle avec les pieds. Mais c'est dans les écoles de Grande-Bretagne que prend forme notre football. Avec la création de la fédération anglaise, en 1863, les premières règles du jeu officielles apparaissent.

Aujourd'hui, on joue au foot partout dans le monde.
La fédération internationale, la Fifa, a compté le nombre de pratiquants : environ 265 millions !
Le foot dépasse les frontières… et les déplace. Il redessine même les continents.
Par exemple, l'Australie ne joue pas avec les autres pays d'Océanie, mais avec ceux de la confédération asiatique.

6 CONFÉDÉRATIONS

On dit du foot qu'il est le « sport roi ». Cet atlas te fait visiter son royaume. Explore chaque continent, découvre où se situent toutes les équipes nationales, repère les meilleurs clubs actuels.
En bonus : des fiches détaillées pour en savoir plus sur les grands champions.

Bon tour du monde !

Clé de lecture

Chaque partie est consacrée à une confédération, les 6 confédérations correspondant pratiquement aux 6 continents.
À chaque confédération est associée une carte sur laquelle sont placés les blasons des clubs importants.
À la suite des cartes, des fiches présentent les joueurs emblématiques des grandes nations du football.

Nous te souhaitons un agréable voyage…

Jérémy Rouche
Illustrations de Neil Stevens

LE GRAND ATLAS DU FOOT

À Samuel, mon footballeur préféré.
J. R.

MILAN

L'AFRIQUE

Que de pays sur ce continent ! La confédération africaine, la Caf, regroupe 56 fédérations. C'est elle qui organise les grandes compétitions en Afrique.

Aucune équipe africaine n'a encore gagné la plus belle des compétitions, la Coupe du monde. Mais le **Cameroun**, le Sénégal et le Ghana ont réussi à atteindre les quarts de finale.

« Bzzzzzz... » Des milliers d'abeilles qui bourdonnent ? Non, des supporteurs qui jouent de la **vuvuzela** ! Cette drôle de trompette est très populaire dans les stades d'Afrique du Sud.

Ici, toutes les équipes nationales ont un surnom. Il est souvent lié à un animal : les Aigles (Mali), les Lions indomptables (Cameroun), les **Fennecs** (Algérie), les Écureuils (Bénin)... Et toi, quel animal totem choisirais-tu ?

Le foot est un sport d'équipe, mais certains trophées récompensent un seul joueur. C'est le cas du prix du Joueur africain de l'année. L'Ivoirien **Yaya Touré** l'a obtenu 4 fois. Il partage ce record avec le Camerounais Samuel Eto'o.

Chaque année, les meilleurs clubs d'Afrique disputent la Ligue des champions de la Caf. Le record est pour **Al-Ahly**, un club basé au Caire, en Égypte, qui a remporté 8 fois ce trophée !

AL AHLY 1907

Coupe du monde

Tous les 4 ans, c'est la Coupe du monde ! Seules 32 équipes participent à la phase finale. Le chemin est long pour gagner sa place : il faut passer par des *éliminatoires*. Dans chaque zone (Europe, Asie...), les meilleures sélections nationales se qualifient. Mais attention : chaque confédération ne dispose pas du même nombre de places. Actuellement, l'Afrique en a 5 : il y aura donc 5 équipes africaines en phase finale de la Coupe du monde.

L'UEFA
L'UEFA
L'AFC
L'océan Atlantique
L'océan Atlantique
L'océan Indien
MAROC
ALGÉRIE
TUNISIE
LIBYE
ÉGYPTE
MAURITANIE
MALI
NIGER
TCHAD
SOUDAN
ÉRYTHRÉE
DJIBOUTI
SOMALIE
ÉTHIOPIE
SOUDAN DU SUD
-VERT
SÉNÉGAL
GAMBIE
GUINÉE-BISSAU
GUINÉE
SIERRA LEONE
LIBERIA
CÔTE D'IVOIRE
BURKINA FASO
GHANA
TOGO
BÉNIN
NIGERIA
CAMEROUN
RÉPUBLIQUE CENTRAFRICAINE
SÃO TOMÉ-ET-PRÍNCIPE
GUINÉE ÉQUATORIALE
GABON
CONGO
RÉPUBLIQUE DÉMOCRATIQUE DU CONGO
OUGANDA
KENYA
RWANDA
BURUNDI
TANZANIE
ZANZIBAR
SEYCHELLES
COMORES
ANGOLA
MALAWI
ZAMBIE
MOZAMBIQUE
ZIMBABWE
NAMIBIE
BOTSWANA
MADAGASCAR
MAURICE
RÉUNION
SWAZILAND
LESOTHO
AFRIQUE DU SUD
1 Mamelodi Sundowns
2 Orlando Pirates
3 Jeunesse sportive de Kabylie
4 Entente sportive de Sétif
5 Atlético Petróleos de Luanda
6 Coton Sport FC de Garoua
7 Canon de Yaoundé
8 Asec Mimosas
9 Africa Sports d'Abidjan
10 Al-Ahly
11 Zamalek
12 Saint-George SC
13 Asante Kotoko
14 Hearts of Oak
15 Horoya AC
16 Gor Mahia FC
17 Stade malien
18 Wydad Athletic Club
19 Raja Club Athletic
20 Enyimba FC
21 Enugu Rangers
22 Tout-Puissant Mazembe
23 AS Vita Club
24 ASC Diaraf
25 Al-Hilal Omdurman
26 Young Africans FC
27 Espérance sportive de Tunis
28 Club africain
29 Étoile sportive du Sahel
30 Dynamos FC

EN AFRIQUE, IL Y A LA COUPE D'AFRIQUE DES NATIONS

La Can, c'est le grand rendez-vous du football africain. Tous les 2 ans, les meilleures nations du continent s'affrontent dans une ambiance de fête. Toute l'Afrique vit au rythme de la compétition !

Quelle carrière pour **Rigobert Song** ! Ce défenseur a joué 137 matchs en équipe du Cameroun et a participé à 8 Coupes d'Afrique.

Les Égyptiens ont remporté 7 fois la Can ! Les Pharaons, comme on les surnomme, sont bien les rois de cette compétition.

Jusqu'en 2017, la Coupe d'Afrique se déroulait en hiver. On voulait éviter la chaleur et les fortes pluies de l'été. Mais, en Europe, certains clubs râlaient en voyant partir leurs joueurs africains sélectionnés pour la Can au beau milieu de la saison. Alors, à compter de 2019, terminé : la compétition se tiendra en juin et juillet.

24 équipes disputent la phase finale de la Can. Elles doivent d'abord se qualifier en jouant des matchs. Sauf le pays hôte, celui qui accueille la compétition : il a la chance d'être qualifié directement.

Le milieu de terrain égyptien **Ahmed Hassan** a joué 184 matchs avec sa sélection nationale. Aucun autre footballeur au monde n'a fait aussi bien !

Avec 18 buts, l'avant-centre camerounais **Samuel Eto'o** est le meilleur buteur de l'histoire de la Can.

RIYAD MAHREZ

Équipe nationale : Algérie
Club actuel :
Leicester City (Angleterre)
Date de naissance : 21 février 1991
Taille : 1,79 m
Poste habituel : ailier droit
Meilleur pied : gaucher
Points forts : excellent dribbleur ; contrôle bien le ballon
Palmarès principal : champion d'Angleterre avec Leicester City (2016)
Le sais-tu ? Feintes, crochets : balle au pied, Mahrez est difficile à arrêter. En 2016 il a tout raflé : meilleur dribbleur et meilleur joueur du championnat anglais, et joueur africain de l'année !

ÉRIC BAILLY

Équipe nationale : Côte d'Ivoire
Club actuel :
Manchester United (Angleterre)
Date de naissance : 12 avril 1994
Taille : 1,87 m
Poste habituel :
défenseur central
Meilleur pied : droitier
Points forts : rapide ; excellent tacleur
Palmarès principal : vainqueur de la Ligue Europa avec Manchester United (2017) ; champion d'Afrique avec la Côte d'Ivoire (2015)
Le sais-tu ? Quel est le surnom de l'équipe de Côte d'Ivoire ? Les *Zèbres*, les *Girafes* ou les *Éléphants* ? Un indice : cet animal se trompe souvent...

MOHAMED SALAH

Équipe nationale : Égypte
Club actuel :
Liverpool (Angleterre)
Date de naissance : 15 juin 1992
Taille : 1,75 m
Poste habituel : ailier droit
Meilleur pied : gaucher
Points forts : rapide ; excellent dribbleur
Palmarès principal : champion de Suisse avec le FC Bâle (2013) ; champion d'Angleterre avec Chelsea (2015)
Le sais-tu ? Ballon au pied, Salah fait penser à Lionel Messi : il va vite, il sait dribbler, marquer et donner des passes décisives. Voilà pourquoi il est surnommé le « Messi égyptien » !

PIERRE-EMERICK AUBAMEYANG

Équipe nationale : Gabon
Club actuel :
Arsenal (Angleterre)
Date de naissance : 18 juin 1989
Taille : 1,85 m
Poste habituel : avant-centre
Meilleur pied : droitier
Points forts : rapide ; marque beaucoup de buts
Palmarès principal : vainqueur de la Coupe d'Allemagne avec le Borussia Dortmund (2017)
Le sais-tu ? Le meilleur buteur du championnat d'Allemagne 2016-2017 (31 buts en 32 matchs) aime bien se déguiser. Il célèbre parfois ses buts en enfilant un masque de Batman ou de Spider-Man, qu'il cache au bord du terrain avant le match !

ANDRÉ AYEW

Équipe nationale : Ghana
Club actuel :
Swansea City (pays de Galles ; participe au championnat d'Angleterre)
Date de naissance :
17 décembre 1989
Taille : 1,76 m
Poste habituel : ailier gauche
Meilleur pied : gaucher
Points forts : combatif ; bon de la tête
Palmarès principal : vainqueur de la Coupe de la Ligue avec l'Olympique de Marseille (2011, 2012)
Le sais-tu ? Dans la famille Ayew, je demande… le père, Abedi ; son premier fils, Rahim ; son deuxième fils, André ; et le petit dernier, Jordan. Tous les quatre sont footballeurs et ont joué en équipe du Ghana. Famille !

JOHN OBI MIKEL

Équipe nationale : Nigeria
Club actuel : Tianjin Teda (Chine)
Date de naissance : 22 avril 1987
Taille : 1,88 m
Poste habituel : milieu défensif
Meilleur pied : droitier
Points forts : costaud ; bon passeur
Palmarès principal :
champion d'Angleterre avec Chelsea (2010, 2015) ; vainqueur de la Ligue Europa avec Chelsea (2013) ; vainqueur de la Ligue des champions de l'UEFA avec Chelsea (2012) ; champion d'Afrique avec le Nigeria (2013)
Le sais-tu ? Le Nigeria est le pays le plus peuplé d'Afrique, avec environ 170 millions d'habitants. Et, selon les endroits, les Nigérians ne parlent pas la même langue : on compte plus de 500 langues au total. Pas facile de se comprendre, même entre villages voisins !

SADIO MANÉ

Équipe nationale : Sénégal
Club actuel : Liverpool (Angleterre)
Date de naissance : 10 avril 1992
Taille : 1,75 m
Poste habituel : ailier gauche
Meilleur pied : droitier
Points forts : rapide ; bon dribbleur
Palmarès principal : champion d'Autriche avec le Red Bull Salzbourg (2013, 2014)
Le sais-tu ? Mané va décidément très vite : en 2015, alors qu'il jouait avec Southampton contre Aston Villa, il a marqué 3 buts en moins de 3 minutes ! C'est le triplé le plus rapide de toute l'histoire du championnat d'Angleterre.

AYMEN ABDENNOUR

Équipe nationale : Tunisie
Club actuel :
Olympique de Marseille (France)
Date de naissance : 6 août 1989
Taille : 1,87 m
Poste habituel : défenseur central
Meilleur pied : gaucher
Points forts : costaud ; possède un bon jeu de tête
Palmarès principal : champion de Tunisie avec l'Étoile du Sahel (2007) ; vainqueur de la Ligue des champions de la Caf avec l'Étoile du Sahel (2007) ; vainqueur du championnat d'Afrique des nations avec la Tunisie (2011)
Le sais-tu ? Une bonne partie de la Tunisie est occupée par le Sahara. C'est le plus vaste désert du monde, et il y fait très chaud : jusqu'à 55 °C !

L'AMÉRIQUE DU NORD

La Concacaf réunit 41 fédérations de football d'Amérique du Nord, d'Amérique centrale et des Caraïbes. Depuis le Canada jusqu'aux îles des Petites Antilles, quel contraste !

Au Canada et aux États-Unis, le foot n'est pas le sport numéro un. Il porte même un autre nom, le **soccer**, pour ne pas être confondu avec le football américain, un sport proche du rugby.

Le **Club América**, au Mexique, est le club le plus titré du continent. 12 victoires dans le championnat mexicain, 7 Ligues des champions de la Concacaf… l'armoire à trophées est pleine !

Tous les 2 ans, la Gold Cup (« coupe en or » en français) oppose les sélections nationales de la Concacaf. Avec 10 victoires, le **Mexique** est en tête du palmarès. Mais les États-Unis (6 trophées) se rapprochent…

Les clubs les plus riches des États-Unis et du Canada participent à la **Major League Soccer**. C'est un championnat fermé : il faut payer (beaucoup) pour y entrer… et on n'en sort jamais, même si on finit dernier. De plus en plus de stars européennes rejoignent la MLS en fin de carrière.

Loin de l'immense et froid Canada, comme un collier de perles posé sur la mer des Caraïbes, voici les Antilles. Certaines îles sont toutes petites et dépendent de pays très éloignés. La **Guadeloupe**, par exemple, appartient à la France. Elle ne peut pas participer à la Coupe du monde.

Coupe du monde

En Coupe du monde, le nombre de places réservées à chaque confédération dépend du nombre d'équipes nationales de cette zone et de leur niveau. Actuellement, la Concacaf peut avoir 4 places : à l'issue des éliminatoires, les 3 meilleures sélections du continent se qualifient directement ; la 4e dispute un *barrage* contre la 5e meilleure équipe de la zone Asie.

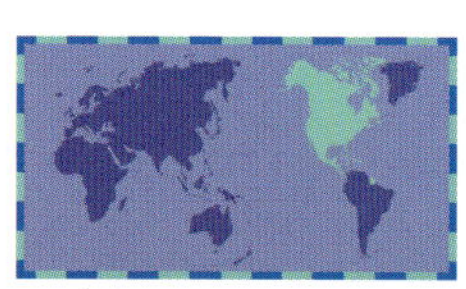

L'UEFA
L'océan Arctique
L'UEFA
AUTRES FÉDÉRATIONS DES ANTILLES
ANGUILLA
ANTIGUA-ET-BARBUDA
ARUBA
BARBADE
BERMUDES
BONAIRE
ÎLES CAÏMANS
CURAÇAO
DOMINIQUE
GRENADE
MONTSERRAT
SAINT-KITTS-ET-NEVIS
SAINT-MARTIN (FRANCE)
SAINT-MARTIN (PAYS-BAS)
SAINT-VINCENT-ET-LES-GRENADINES
SAINTE-LUCIE
ÎLES TURKS-ET-CAICOS
ÎLES VIERGES BRITANNIQUES
ÎLES VIERGES DES ÉTATS-UNIS
ÉTATS-UNIS
(ALASKA)
1 Toronto FC
2 Whitecaps de Vancouver
3 Impact de Montréal
4 Los Angeles Galaxy
5 DC United
6 Seattle Sounders FC
7 FC Dallas
8 New York Red Bulls
9 New York City FC
10 Club América
11 Cruz Azul
12 CF Pachuca
13 Tigres UANL
14 CF Monterrey
15 CD Guadalajara
16 Deportivo Saprissa
17 LD Alajuelense
18 CS Herediano
19 CSD Comunicaciones
20 CSD Municipal
21 CD Olimpia
22 CD Motagua
23 Real Estelí FC
24 Tauro FC
25 Deportivo Árabe Unido
26 Santa Tecla FC
27 Moca FC
28 Fica
29 Inter Moengotapoe
30 Central FC
CANADA
L'océan Atlantique
ÉTATS-UNIS
MEXIQUE
GUYANA
SURINAME
GUYANE
LA CONMEBOL
BAHAMAS
CUBA
RÉPUBLIQUE DOMINICAINE
GUADELOUPE
JAMAÏQUE
PORTO RICO
HAÏTI
MARTINIQUE
BELIZE
La mer des Caraïbes
TRINITÉ-ET-TOBAGO
AMÉRIQUE CENTRALE
COSTA RICA
GUATEMALA
HONDURAS
NICARAGUA
PANAMÁ
SALVADOR
GUATEMALA
HONDURAS
L'océan Pacifique
SALVADOR
NICARAGUA
PANAMÁ
COSTA RICA
LA CONMEBOL

EN AMÉRIQUE DU NORD, IL Y A LE FOOTBALL FÉMININ

Le ballon rond n'est pas réservé aux hommes. On compte environ 30 millions de footballeuses dans le monde entier, dont la moitié aux États-Unis et au Canada !

Dans les matchs importants, **Carli Lloyd** répond toujours présent. En finale de la Coupe du monde 2015, la meneuse de jeu américaine a réussi l'exploit de marquer un triplé, dont un but du milieu du terrain ! Carli a été désignée meilleure joueuse du monde en 2015 et 2016.

Le Canada fait partie des nations les plus fortes du foot féminin. Sa victoire la plus large ? 21 à 0 contre Porto Rico.

Aux États-Unis, le foot est le sport préféré des filles. Dans les cours d'école comme dans les clubs de soccer, il y a autant de joueuses que de joueurs.

Hope Solo a un sacré caractère, mais elle sait se concentrer pour arrêter les tirs de ses adversaires. L'Américaine a été élue meilleure gardienne des Coupes du monde 2011 et 2015.

L'attaquante **Christine Sinclair** est une légende au Canada. Élue 13 fois joueuse canadienne de l'année, elle cumule plus de 250 sélections et a marqué plus de 150 buts pour son pays !

Avec notamment 3 victoires en Coupe du monde et 4 médailles d'or aux Jeux olympiques, l'équipe des États-Unis est la plus titrée du foot féminin.

ATIBA HUTCHINSON

Équipe nationale : Canada
Club actuel : Beşiktaş JK (Turquie)
Date de naissance : 8 février 1983
Taille : 1,87 m
Poste habituel : milieu défensif
Meilleur pied : droitier
Points forts : combatif ; bon passeur
Palmarès principal : champion du Danemark avec le FC Copenhague (2006, 2007, 2009, 2010) ; champion de Turquie avec le Beşiktaş JK (2016, 2017)
Le sais-tu ? La feuille au centre du drapeau canadien est une feuille d'érable. Cet arbre, très présent au Canada, permet de fabriquer un sirop sucré qu'on tartine sur les crêpes ou les gaufres : le sirop d'érable. En as-tu déjà goûté ?

KEYLOR NAVAS

Équipe nationale : Costa Rica
Club actuel : Real Madrid (Espagne)
Date de naissance : 15 décembre 1986
Taille : 1,84 m
Poste habituel : gardien de but
Meilleur pied : droitier
Points forts : possède d'excellents réflexes et un bon jeu au pied
Palmarès principal : champion du Costa Rica avec le Deportivo Saprissa (2006, 2007, 2008, 2010) ; vainqueur de la Ligue des champions de la Concacaf avec le Deportivo Saprissa (2005) ; champion d'Espagne avec le Real Madrid (2017) ; vainqueur de la Ligue des champions de l'UEFA avec le Real Madrid (2016, 2017)
Le sais-tu ? Keylor Navas est très doué pour arrêter les pénaltys. À l'entraînement, il a même réussi à en stopper un… les yeux bandés !

CHRISTIAN PULISIC

Équipe nationale : États-Unis
Club actuel :
Borussia Dortmund (Allemagne)
Date de naissance :
18 septembre 1998
Taille : 1,73 m
Poste habituel : ailier droit
Meilleur pied : droitier
Points forts : rapide ; bon dribbleur
Palmarès principal : vainqueur de la Coupe d'Allemagne avec le Borussia Dortmund (2017)
Le sais-tu ? En marquant son premier but en sélection à 17 ans, Pulisic est devenu le plus jeune buteur de l'histoire des États-Unis. Au fait, connais-tu la capitale de ce pays ? Est-ce Edmonton, Badminton ou Washington ? La bonne réponse comporte dix lettres.

RÉGINAL GOREUX

Équipe nationale : Haïti
Club actuel :
Standard de Liège (Belgique)
Date de naissance :
31 décembre 1987
Taille : 1,75 m
Poste habituel : arrière droit
Meilleur pied : droitier
Points forts : combatif ; fait de bons centres
Palmarès principal : champion de Belgique avec le Standard de Liège (2008, 2009)
Le sais-tu ? Tremblements de terre, inondations, ouragans… la vie n'est pas facile en Haïti. En plus, la population est très pauvre. Jouer au foot n'est pas le plus important, mais permet d'oublier un peu les difficultés le temps d'un match.

MAYNOR FIGUEROA

Équipe nationale : Honduras
Club actuel : FC Dallas (États-Unis)
Date de naissance : 2 mai 1983
Taille : 1,82 m
Poste habituel : arrière gauche
Meilleur pied : gaucher
Points forts : court beaucoup ; possède un pied gauche précis et puissant
Palmarès principal : champion du Honduras avec le CD Olimpia (2004, 2005, 2006)
Le sais-tu ? En 2009, avec le club anglais de Wigan, Figueroa a marqué un but de plus de 50 m. Au moment de jouer un coup franc près de la ligne médiane, il a vu le gardien en position avancée et a décidé de frapper directement. Le ballon a lobé le gardien et a terminé sa course dans la lucarne !

WES MORGAN

Équipe nationale : Jamaïque
Club actuel : Leicester City (Angleterre)
Date de naissance : 21 janvier 1984
Taille : 1,85 m
Poste habituel : défenseur central
Meilleur pied : droitier
Points forts : costaud ; intercepte beaucoup de ballons
Palmarès principal : champion d'Angleterre avec Leicester City (2016)
Le sais-tu ? La Jamaïque est une île de la mer des Caraïbes. Connais-tu d'autres Jamaïcains célèbres ? Il y a par exemple le sprinteur Usain Bolt, l'homme le plus rapide du monde sur 100 m et 200 m !

JAVIER HERNÁNDEZ

Équipe nationale : Mexique
Club actuel : West Ham United (Angleterre)
Date de naissance : 1er juin 1988
Taille : 1,75 m
Poste habituel : avant-centre
Meilleur pied : droitier
Points forts : se place bien devant le but adverse ; sait marquer du pied droit, du pied gauche et de la tête
Palmarès principal : champion du Mexique avec le Club Deportivo Guadalajara (2006) ; champion d'Angleterre avec Manchester United (2011, 2013) ; vainqueur de la Gold Cup avec le Mexique (2011, 2015)
Le sais-tu ? Javier Hernández est surnommé *Chicharito*, c'est-à-dire « Petit Pois ». Le maillot vert du Mexique lui va bien : il est le meilleur buteur de l'histoire de sa sélection nationale.

ANÍBAL GODOY

Équipe nationale : Panamá
Club actuel : San Jose Earthquakes (États-Unis)
Date de naissance : 10 février 1990
Taille : 1,82 m
Poste habituel : milieu défensif
Meilleur pied : gaucher
Points forts : récupère beaucoup de ballons ; possède un pied gauche précis
Palmarès principal : finaliste de la Gold Cup avec le Panamá (2013)
Le sais-tu ? Quelle est la capitale du Panamá ? C'est la ville de Panamá, située dans la province de... Panamá ! Le Panamá a aussi donné son nom à un élégant chapeau, le panama, qui en réalité ne vient pas du Panamá mais de l'Équateur, un pays d'Amérique du Sud.

L'AMÉRIQUE DU SUD

Une petite confédération (la Conmebol, 10 membres), mais un continent dingue de foot et quelques-unes des meilleures nations du monde : explore l'Amérique du Sud…

Si le foot est né en Angleterre, son pays d'adoption est certainement le **Brésil**. Pendant les matchs de l'équipe nationale, tout s'arrête : les magasins ferment, et l'école finit plus tôt pour que les enfants puissent assister aux exploits de la *Seleção* devant la télé !

La ***Seleção*** a gagné 5 fois la Coupe du monde, un record. Le Brésil est aussi la seule nation qui ait participé à toutes les phases finales de cette compétition. *Muito bem !* (« Bravo ! »)

Depuis 1916, un tournoi oppose les sélections du continent sud-américain : la Copa América. Le Chili a remporté les éditions 2015 et 2016, mais la nation la plus titrée est l'**Uruguay** (15 victoires).

Perché à 4 378 m, le stade de **Cerro de Pasco**, au Pérou, est le plus haut du monde. À une telle altitude, difficile de respirer ! Alors les joueurs visiteurs ont du mal à courir. L'équipe locale, habituée à ces conditions, ne perd pas souvent…

Coupe du monde

La Conmebol envoie 4 ou 5 équipes en phase finale de la Coupe du monde : les 4 meilleures nations des éliminatoires se qualifient directement ; la 5e passe par un barrage contre le vainqueur de la zone Océanie. Mais le moyen le plus sûr d'aller à la Coupe du monde est d'organiser la compétition, comme le Brésil en 2014. Le pays hôte est en effet qualifié d'office !

Capitaine du Brésil à seulement 22 ans, **Neymar** est le footballeur le plus cher de l'histoire. Pour le recruter, le club du Paris Saint-Germain a dû verser 222 millions d'euros au FC Barcelone !

LA CONCACAF
VENEZUELA
COLOMBIE
LA CONCACAF
L'océan Atlantique nord
ÉQUATEUR
L'océan Pacifique
PÉROU
Le lac Titicaca
BOLIVIE
BRÉSIL
La cordillière des Andes
PARAGUAY
URUGUAY
ARGENTINE
CHILI
L'océan Atlantique sud
Barinas
ZAMORA
B.S.C.
EMELEC
BOLIVAR
THE STRONGEST
OLIMPIA
SPFC
PALMEIRAS
CRUZEIRO ESPORTE CLUBE
COLO COLO
C.N. de F.
1 Independiente
2 Boca Juniors
3 River Plate
4 Racing Club
5 San Lorenzo
6 Vélez Sarsfield
7 Club Bolívar
8 Club The Strongest
9 São Paulo FC
10 Santos FC
11 Cruzeiro
12 Palmeiras
13 Corinthians
14 Flamengo
15 Colo-Colo
16 Universidad de Chile
17 Atlético Nacional
18 Millonarios FC
19 Barcelona de Guayaquil
20 Club Sport Emelec
21 Club Olimpia
22 Club Cerro Porteño
23 Club Libertad
24 Universitario de Deportes
25 Sporting Cristal
26 Peñarol
27 Nacional
28 Zamora FC
29 Caracas FC
30 Deportivo Táchira FC
ARGENTINE
C.A.I.
CABJ
RACING
1
2
3
4
5
6

EN AMÉRIQUE DU SUD, IL Y A BUENOS AIRES

Bienvenue dans la capitale de l'Argentine. Ce soir, le club de Boca Juniors reçoit celui de River Plate dans son stade de la *Bombonera*. Quelle ambiance !

Lorsque deux clubs de la même ville s'affrontent, on appelle ce match un *derby*. Celui-ci est parfois violent : les supporteurs de Boca et ceux de River ne sont pas très copains...

Fous de foot ! Boca, River, San Lorenzo, Independiente… Dans le championnat d'Argentine de première division, la moitié des clubs sont situés à Buenos Aires ou dans les villes voisines.

Un architecte gourmand ? La forme rectangulaire de ce stade fait penser à une boîte de chocolats. D'où son surnom de *Bombonera* (« boîte de chocolats » en espagnol).

Boca et River sont les équipes les plus populaires d'Argentine. Leur derby passionne tout le pays. C'est le *Superclásico* !

LIONEL MESSI

Équipe nationale : Argentine
Club actuel : FC Barcelone (Espagne)
Date de naissance : 24 juin 1987
Taille : 1,69 m
Poste habituel : ailier droit
Meilleur pied : gaucher
Points forts : excellent dribbleur ; perd rarement le ballon ; très précis dans ses tirs
Palmarès principal : champion d'Espagne avec le FC Barcelone (2005, 2006, 2009, 2010, 2011, 2013, 2015, 2016) ; vainqueur de la Ligue des champions de l'UEFA avec le FC Barcelone (2006, 2009, 2011, 2015) ; médaille d'or aux Jeux olympiques avec l'Argentine (2008) ; Ballon d'or (2009, 2010, 2011, 2012, 2015)
Le sais-tu ? Messi n'en finit plus de marquer des buts et de battre des records. *La Pulga* est l'un des meilleurs joueurs de tous les temps. Mais que signifie son surnom ? « La Puce », « le Pou » ou « le Putois » ? Un indice : cet animal est tout petit, saute partout et est très difficile à attraper. Comme Messi !

NEYMAR

Équipe nationale : Brésil
Club actuel : Paris Saint-Germain (France)
Date de naissance : 5 février 1992
Taille : 1,75 m
Poste habituel : ailier gauche
Meilleur pied : droitier
Points forts : excellent dribbleur ; imprévisible ; très bon tireur de coups francs
Palmarès principal : vainqueur de la Copa Libertadores avec le Santos FC (2011) ; champion d'Espagne avec le FC Barcelone (2015, 2016) ; vainqueur de la Ligue des champions de l'UEFA avec le FC Barcelone (2015) ; médaille d'or aux Jeux olympiques avec le Brésil (2016)
Le sais-tu ? Avec ses dribbles spectaculaires, Neymar est l'un des joueurs les plus forts de la planète. Au fait, pourquoi l'appelle-t-on simplement *Neymar* ? Au Brésil, on se contente souvent d'un prénom ou d'un surnom pour désigner une personne, c'est une tradition. *Neymar*, c'est plus simple que son nom complet, *Neymar da Silva Santos Junior* !

ALEXIS SÁNCHEZ

Équipe nationale : Chili
Club actuel :
Manchester United (Angleterre)
Date de naissance : 19 décembre 1988
Poste : 1,69 m
Poste habituel : ailier gauche
Meilleur pied : droitier
Points forts : rapide ; technique ; costaud
Palmarès principal : champion du Chili avec Colo-Colo (2006, 2007) ; champion d'Argentine avec River Plate (2008) ; champion d'Espagne avec le FC Barcelone (2013) ; vainqueur de la Copa América avec le Chili (2015, 2016)
Le sais-tu ? Alexis Sánchez a grandi à Tocopilla, une petite ville pauvre du nord du Chili. Il a commencé à jouer au foot dans la rue, pieds nus. Aujourd'hui, grâce à son talent et à beaucoup d'entraînement, il est le meilleur buteur et la vedette de la sélection chilienne. À Tocopilla, une rue porte même son nom !

JAMES RODRÍGUEZ

Équipe nationale : Colombie
Club actuel :
Bayern Munich (Allemagne)
Date de naissance : 12 juillet 1991
Taille : 1,80 m
Poste habituel : milieu offensif
Meilleur pied : gaucher
Points forts : bon passeur ; marque de jolis buts sur des tirs de loin
Palmarès principal : champion d'Espagne avec le Real Madrid (2017) ; vainqueur de la Ligue Europa avec le FC Porto (2011) ; vainqueur de la Ligue des champions de l'UEFA avec le Real Madrid (2016, 2017)
Le sais-tu ? James a terminé meilleur buteur de la Coupe du monde 2014, avec 6 buts. À cette occasion, il a reçu un trophée en forme de chaussure à crampons. Est-ce la Semelle d'or, le Soulier d'or ou la Boucle d'or ? La réponse (à lire dans un miroir) : .ɿo'b ɿɘiluoƧ ɘl

ANTONIO VALENCIA

Équipe nationale : Équateur
Club actuel :
Manchester United (Angleterre)
Date de naissance : 4 août 1985
Taille : 1,79 m
Poste habituel : arrière droit
Meilleur pied : droitier
Points forts : rapide ; bon centreur
Palmarès principal : champion d'Équateur avec El Nacional (2005) ; champion d'Angleterre avec Manchester United (2011, 2013) ; vainqueur de la Ligue Europa avec Manchester United (2017)
Le sais-tu ? Antonio Valencia est l'un des joueurs les plus rapides du monde. Ballon au pied, il est capable de courir à 35 km/h. Presque aussi vite qu'un lapin !

MIGUEL TRAUCO

Équipe nationale : Pérou
Club actuel : Flamengo (Brésil)
Date de naissance : 3 juillet 1992
Taille : 1,75 m
Poste habituel : arrière gauche
Meilleur pied : gaucher
Points forts : bon passeur ; combatif
Palmarès principal : champion du Pérou avec l'Universitario de Deportes (2016)
Le sais-tu ? Miguel Trauco a été élu meilleur joueur du championnat du Pérou en 2016. Ce pays est traversé par la cordillère des Andes, la plus longue chaîne de montagnes du monde. On y trouve un grand lac au nom rigolo : est-ce le lac Tatacoco, Titicaca ou Tutukaki ? Vérifie sur la carte !

EDINSON CAVANI

Équipe nationale : Uruguay
Club actuel :
Paris Saint-Germain (France)
Date de naissance : 14 février 1987
Taille : 1,84 m
Poste habituel : avant-centre
Meilleur pied : droitier
Points forts : excellent de la tête et dans les tirs sans contrôle ; court beaucoup ; sait défendre
Palmarès principal : champion d'Uruguay avec le Danubio FC (2007) ; champion de France avec le Paris Saint-Germain (2014, 2015, 2016)
Le sais-tu ? Quand Cavani est dans la surface de réparation adverse, il y a danger pour le gardien. C'est pourquoi on le surnomme *el Matador* (en français, « le Tueur » !). Ce redoutable buteur a même inspiré un personnage dans une série animée qui parle de foot, *Supa Strikas*.

TOMÁS RINCÓN

Équipe nationale : Venezuela
Club actuel : Torino FC (Italie)
Date de naissance : 13 janvier 1988
Taille : 1,77 m
Poste habituel : milieu défensif
Meilleur pied : droitier
Points forts : combatif ; récupère beaucoup de ballons
Palmarès principal : champion du Venezuela avec le Deportivo Táchira FC (2008) ; champion d'Italie avec la Juventus Turin (2017)
Le sais-tu ? Malgré de bons joueurs comme Rincón, l'équipe du Venezuela est la seule de la Conmebol à ne s'être jamais qualifiée pour une phase finale de Coupe du monde. Il faut dire que le foot n'est pas le sport favori des Vénézuéliens, qui lui préfèrent… le baseball.

L'ASIE

Les pays d'Asie ne sont pas encore au niveau des nations européennes ou sud-américaines, mais la passion pour le foot grandit sur ce continent. Voici l'AFC et ses 47 fédérations.

La confédération asiatique organise, tous les 4 ans, la Coupe d'Asie des nations. Le **Japon** est l'équipe la plus titrée : les Samouraïs bleus, comme on les surnomme, ont gagné 4 fois le trophée.

Chaque année, la Ligue des champions de l'AFC réunit les meilleurs clubs du continent. Le vainqueur est sacré champion d'Asie. Avec 3 victoires, le **FC Pohang Steelers**, un club de Corée du Sud, détient le record.

L'**Australie**, un pays d'Asie ? Non, cette île immense se trouve en Océanie. Mais sa fédération de football a adhéré à l'AFC en 2006. Parmi les objectifs : permettre à l'équipe nationale de s'améliorer en jouant contre les sélections d'Asie, plus fortes que celles d'Océanie.

Aujourd'hui entraîneur, l'ancien attaquant iranien **Ali Daei** a marqué 109 buts avec sa sélection nationale. Aucun autre footballeur dans le monde n'a réussi une telle performance !

En 2002, la **Corée du Sud** a atteint les demi-finales de la Coupe du monde, éliminant par exemple l'Italie et l'Espagne. C'est à ce jour le meilleur résultat d'une équipe asiatique dans cette épreuve.

La **Chinese Super League** est à la mode : de plus en plus de stars du ballon rond, surtout des joueurs brésiliens, rejoignent ce championnat. Pour les attirer, les clubs chinois leur offrent beaucoup d'argent.

Coupe du monde

Dans la zone Asie, les 4 premiers des éliminatoires se qualifient directement pour la phase finale du Mondial. Le 5e, lui, doit passer par un match aller-retour contre le 4e de la Concacaf (Amérique du Nord, Amérique centrale et Caraïbes).

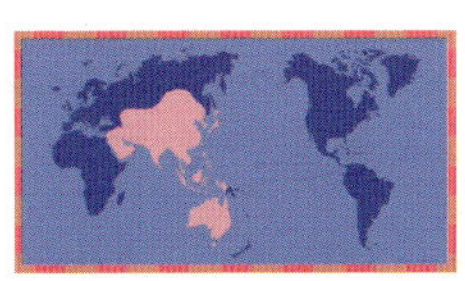

L'océan Arctique
ÉMIRATS ARABES UNIS
13
14
15
QATAR
26
27
28
1 Al-Hilal
2 Al-Ittihad
3 Al-Nassr
4 Melbourne Victory
5 Brisbane Roar
6 Sydney FC
7 Western Sydney Wanderers
8 Guangzhou Evergrande
9 Shandong Luneng Taishan
10 Jeonbuk Hyundai Motors
11 FC Séoul
12 Seongnam FC
13 Al-Ain FC
14 Al-Ahli Club
15 Al-Jazira Club
16 Atlético de Kolkata
17 FC Persépolis
18 Esteghlal FC
19 Sepahan FC
20 Kashima Antlers
21 Sanfrecce Hiroshima
22 Gamba Osaka
23 Qadsia SC
24 Koweït SC
25 Pakhtakor Tachkent
26 Al-Sadd SC
27 Lekhwiya SC
28 Al-Rayyan SC
29 Muangthong United
30 Buriram United
CORÉE DU SUD
10
11
12
La mer Noire
L'UEFA
La mer Caspienne
JAPON
MONGOLIE
CORÉE DU NORD
SYRIE
IRAK
JORDANIE
PALESTINE
OUZBÉKISTAN
TURKMÉNISTAN
KIRGHIZISTAN
TADJIKISTAN
IRAN
AFGHANISTAN
KOWEÏT
BAHREÏN
QATAR
PAKISTAN
CHINE
CORÉE DU SUD
MARIANNES DU NORD
GUAM
BHOUTAN
NÉPAL
TAIPEI CHINOIS (TAÏWAN)
HONG KONG
MACAO
ARABIE SAOUDITE
ÉMIRATS ARABES UNIS
OMAN
YÉMEN
INDE
LAOS
BIRMANIE
L'océan Pacifique
INDONÉSIE
L'OFC
AFC
TIMOR ORIENTAL
BANGLADESH
THAÏLANDE
VIÊT NAM
CAMBODGE
PHILIPPINES
AUSTRALIE
BRUNEI
MALAISIE
SINGAPOUR
SRI LANKA
MALDIVES
INDONÉSIE
L'océan Indien
INDONÉSIE

EN ASIE, IL Y A LA CHINE

Pour faire de la Chine un grand pays de foot, ses dirigeants ont un plan : former les stars de demain dans des écoles spéciales. Comme ici, près de la ville de Canton. Bienvenue dans la plus grande école de foot du monde !

Combien de terrains de foot y a-t-il dans ton école ? Les 2 800 enfants inscrits à l'Evergrande Football School, eux, disposent de pas moins de 50 terrains. Impressionnant !

50 000 académies de foot comme celle-ci seront construites avant 2025 : le pays le plus peuplé de la planète fait le maximum pour avoir une équipe nationale forte. Le rêve de la Chine ? Gagner un jour la Coupe du monde.

Entre deux entraînements, les élèves étudient en classe avec des instituteurs. Pour se détendre, direction la piscine ou le cinéma... toujours sur place !

150 entraîneurs sont là pour faire progresser ces jeunes joueurs chinois.

L'EUROPE

Bienvenue sur le continent qui a vu naître le foot ! La confédération européenne, l'UEFA, regroupe 55 associations nationales : de l'Islande à Israël, du Portugal à la Russie.

Le foot est né dans les écoles d'**Angleterre**. Au début, les règles n'étaient pas les mêmes partout. Dans certaines écoles, on pouvait faire des croche-pieds… et prendre le ballon avec les mains ! En 1863, c'est décidé : le foot ne se jouera qu'avec les pieds.

Kylian Mbappé va vite, très vite. Sélectionné pour la première fois en équipe de France à seulement 18 ans, cet attaquant complet a été acheté par le Paris Saint-Germain à l'AS Monaco pour une somme folle : environ 180 millions d'euros.

Le plus grand stade d'Europe ? C'est le **Camp Nou**, à Barcelone. Plus de 99 000 spectateurs peuvent y prendre place pour assister aux exploits du Barça !

L'**Allemagne** est le pays d'Europe où on joue le plus au foot : 7 millions de joueurs et de joueuses y sont inscrits dans un club. C'est aussi la nation européenne qui a gagné le plus de trophées, avec 4 victoires en Coupe du monde et 3 à l'Euro.

Avant de devenir entraîneurs, **Didier Deschamps** et **Zinédine Zidane** ont été des joueurs importants de l'équipe de France. Ils ont même remporté la Coupe du monde 1998, en France. C'était la fête dans tout le pays. Tes parents doivent s'en souvenir !

Regarde la carte : plusieurs pays sont membres de l'UEFA alors qu'ils se trouvent en partie ou en entier sur le continent asiatique. Ainsi, la **Turquie**, la **Russie** et **Israël** peuvent disputer l'Euro, et leurs clubs jouer les coupes d'Europe.

Coupe du monde

Actuellement, parmi les 32 places à prendre pour participer à la phase finale de la Coupe du monde, 13 sont réservées à des équipes européennes. L'UEFA est de loin la confédération la mieux représentée.

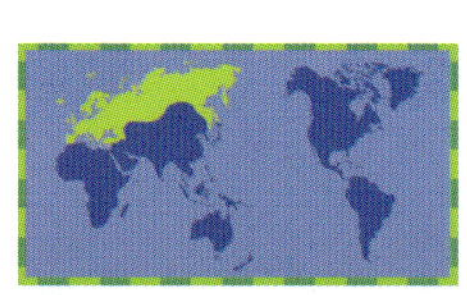

1 Red Bull Salzbourg
2 RSC Anderlecht
3 Bate Borisov
4 Ludogorets Razgrad
5 Dinamo Zagreb
6 FC Copenhague
7 Glasgow Rangers
8 Celtic Glasgow
9 Olympiakos Le Pirée
10 Panathinaïkós
11 Rosenborg BK
12 Ajax Amsterdam
13 PSV Eindhoven
14 Feyenoord Rotterdam
15 Legia Varsovie
16 Sparta Prague
17 Steaua Bucarest
18 Spartak Moscou
19 CSKA Moscou
20 Zénith Saint-Pétersbourg
21 Partizan Belgrade
22 Étoile rouge de Belgrade
23 Malmö FF
24 IFK Göteborg
25 FC Bâle
26 Galatasaray SK
27 Fenerbahçe SK
28 Beşiktaş JK
29 Dynamo Kiev
30 FK Chakhtar Donetsk
ISLANDE
La mer de Norvège
ÎLES FÉROÉ
ÉCOSSE
IRLANDE DU NORD
RÉPUBLIQUE D'IRLANDE
PAYS DE GALLES
ANGLETERRE
pages 32-33
La mer du Nord
NORVÈGE
SUÈDE
FINLANDE
DANEMARK
PAYS-BAS
BELGIQUE
LUXEMBOURG
ALLEMAGNE
pages 32-33
La mer Baltique
ESTONIE
LETTONIE
LITUANIE
RUSSIE
BIÉLORUSSIE
POLOGNE
RÉPUBLIQUE TCHÈQUE
SLOVAQUIE
UKRAINE
MOLDAVIE
ROUMANIE
HONGRIE
AUTRICHE
LIECHTENSTEIN
SUISSE
FRANCE
pages 32-33
SLOVÉNIE
CROATIE
BOSNIE-HERZÉGOVINE
SERBIE
MONTÉNÉGRO
KOSOVO
MACÉDOINE
ALBANIE
BULGARIE
GRÈCE
TURQUIE
La mer Noire
ITALIE
pages 32-33
SAINT-MARIN
ESPAGNE
pages 32-33
PORTUGAL
pages 32-33
ANDORRE
GIBRALTAR
MALTE
CHYPRE
ISRAËL
La mer Méditerranée
LA CAF
L'AFC
Océan Atlantique
RUSSIE
GÉORGIE
KAZAKHSTAN
La mer Noire
La mer Caspienne
ARMÉNIE
AZERBAÏDJAN
L'AFC

EN EUROPE, IL Y A 6 GRANDS CHAMPIONNATS

Portugal, Espagne, France, Angleterre, Allemagne et Italie : la plupart des grands clubs européens se trouvent ici. Londres est la ville qui en compte le plus.

Manchester United
Schalke 04
VfL Wolfsbourg
RB Leipzig
WOLFSBOURG
GELSENKIRCHEN
LEIPZIG
DORTMUND
LILLE
Bayer Leverkusen
LEVERKUSEN
Losc
Borussia Dortmund
ALLEMAGNE
PARIS
Bayern Munich
MUNICH
Olympique lyonnais
Paris Saint-Germain
Juventus Turin
Inter Milan
Fiorentina
LYON
MILAN
OGC Nice
TURIN
ITALIE
FLORENCE
Lazio
MARSEILLE
MONACO
Milan AC
NICE
ROME
Napoli
Olympique de Marseille
AS Monaco
NAPLES
AS Rome

EN EUROPE, IL Y A LA LIGUE DES CHAMPIONS DE L'UEFA

Chaque année, en plus des compétitions dans leurs pays, les meilleures équipes d'Europe participent à la Ligue des champions de l'UEFA. Toutes rêvent de soulever la « coupe aux grandes oreilles ». Revis la finale de 2017 !

En 2 saisons sur le banc du Real, **Zinédine Zidane** a gagné 2 fois la Ligue des champions. Des débuts d'entraîneur parfaits !

Et de 12 ! Le Real détient le record du nombre de victoires en Ligue des champions.

Cristiano Ronaldo a encore marqué ! Le Portugais est le meilleur buteur de l'histoire de la Ligue des champions.

La Juventus Turin, meilleure défense d'Europe, s'incline face à la meilleure attaque de la compétition, le Real Madrid.

Gianluigi Buffon est déçu, il n'a jamais remporté cette épreuve. Mais le gardien italien peut être fier de sa longue carrière : il a joué plus de 1 000 matchs professionnels !

L'arbitre siffle la fin du match : 4-1 pour le Real Madrid !

MANUEL NEUER

Équipe nationale : Allemagne
Club actuel :
Bayern Munich (Allemagne)
Date de naissance : 27 mars 1986
Taille : 1,93 m
Poste habituel : gardien de but
Meilleur pied : droitier
Points forts : possède d'excellents réflexes et un très bon jeu au pied
Palmarès principal : champion d'Allemagne avec le Bayern Munich (2013, 2014, 2015, 2016, 2017) ; vainqueur de la Ligue des champions de l'UEFA avec le Bayern Munich (2013) ; champion du monde avec l'Allemagne (2014)
Le sais-tu ? Neuer a été sacré meilleur gardien de but du monde en 2013, 2014, 2015 et 2016. Sa particularité ? Pour aider son équipe, il n'hésite pas à sortir de sa surface de réparation et à jouer au pied... comme un défenseur central !

HARRY KANE

Équipe nationale : Angleterre
Club actuel :
Tottenham Hotspur (Angleterre)
Date de naissance : 28 juillet 1993
Taille : 1,88 m
Poste habituel : avant-centre
Meilleur pied : droitier
Points forts : se met facilement en position de tir ; frappe au but avec précision
Palmarès principal : deuxième du championnat d'Angleterre avec Tottenham Hotspur (2017)
Le sais-tu ? Kane se souviendra longtemps du match Angleterre/Lituanie de 2015. Pour sa toute première sélection en équipe nationale, il a marqué 79 secondes à peine après son entrée en jeu. Quels débuts !

DAVID ALABA

Équipe nationale : Autriche
Club actuel :
Bayern Munich (Allemagne)
Date de naissance : 24 juin 1992
Taille : 1,75 m
Poste habituel : arrière gauche
Meilleur pied : gaucher
Points forts : peut jouer à plusieurs postes ; possède une excellente technique
Palmarès principal : champion d'Allemagne avec le Bayern Munich (2010, 2013, 2014, 2015, 2016, 2017) ; vainqueur de la Ligue des champions de l'UEFA avec le Bayern Munich (2013)
Le sais-tu ? Alaba est une star en Autriche. De 2011 à 2016, il a été élu meilleur footballeur autrichien chaque année !

THIBAUT COURTOIS

Équipe nationale : Belgique
Club actuel : Chelsea (Angleterre)
Date de naissance : 11 mai 1992
Taille : 1,99 m
Poste habituel : gardien de but
Meilleur pied : gaucher
Points forts : possède d'excellents réflexes ; très bon sur les ballons en hauteur
Palmarès principal : champion de Belgique avec le Racing Genk (2011) ; champion d'Espagne avec l'Atlético de Madrid (2014) ; champion d'Angleterre avec Chelsea (2015, 2017) ; vainqueur de la Ligue Europa avec l'Atlético de Madrid (2012)
Le sais-tu ? Jusqu'à l'âge de 12 ans, Courtois jouait arrière gauche. Il a bien fait de changer de poste : il est aujourd'hui l'un des meilleurs gardiens du monde.

LUKA MODRIĆ

Équipe nationale : Croatie
Club actuel : Real Madrid (Espagne)
Date de naissance : 9 septembre 1985
Taille : 1,74 m
Poste habituel : milieu relayeur
Meilleur pied : droitier
Points forts : sait défendre et attaquer ; perd peu de ballons ; toujours calme sur le terrain
Palmarès principal : champion de Croatie avec le Dinamo Zagreb (2006, 2007, 2008) ; champion d'Espagne avec le Real Madrid (2017) ; vainqueur de la Ligue des champions de l'UEFA avec le Real Madrid (2014, 2016, 2017)
Le sais-tu ? La capitale de la Croatie s'appelle *Zagreb*. Mais comment nomme-t-on ses habitants d'après toi ? Les *Zagréables* ou les *Zagrébois* ?

SERGIO RAMOS

Équipe nationale : Espagne
Club actuel : Real Madrid (Espagne)
Date de naissance : 30 mars 1986
Taille : 1,83 m
Poste habituel : défenseur central
Meilleur pied : droitier
Points forts : combatif ; très bon de la tête
Palmarès principal : champion d'Espagne avec le Real Madrid (2007, 2008, 2012, 2017) ; vainqueur de la Ligue des champions de l'UEFA avec le Real Madrid (2014, 2016, 2017) ; champion d'Europe avec l'Espagne (2008, 2012) ; champion du monde avec l'Espagne (2010)
Le sais-tu ? Le capitaine du Real Madrid et de l'Espagne a une spécialité : les buts de la tête sur corner lors des matchs importants, et souvent dans les dernières secondes de jeu. Sergio Ramos n'abandonne jamais !

ANTOINE GRIEZMANN

Équipe nationale : France
Club actuel : Atlético de Madrid (Espagne)
Date de naissance : 21 mars 1991
Taille : 1,75 m
Poste habituel : attaquant de soutien
Meilleur pied : gaucher
Points forts : court vite et beaucoup ; très bon en contre-attaque
Palmarès principal : finaliste de la Ligue des champions de l'UEFA avec l'Atlético de Madrid (2016) ; finaliste de l'Euro avec la France (2016)
Le sais-tu ? « Grizou » n'a pas tout perdu en 2016 : il a été élu meilleur joueur et meilleur buteur (6 buts) de l'Euro. Ça vaut bien une petite célébration ! Es-tu capable d'imiter sa fameuse danse des pouces et des petits doigts ?

GARETH BALE

Équipe nationale : pays de Galles
Club actuel : Real Madrid (Espagne)
Date de naissance : 16 juillet 1989
Taille : 1,83 m
Poste habituel : ailier droit
Meilleur pied : gaucher
Points forts : court vite ; frappe avec beaucoup de puissance
Palmarès principal : champion d'Espagne avec le Real Madrid (2017) ; vainqueur de la Ligue des champions de l'UEFA avec le Real Madrid (2014, 2016, 2017)
Le sais-tu ? Bale a été sélectionné pour la première fois en équipe du pays de Galles à l'âge de 16 ans. Un record !

MARCO VERRATTI

Équipe nationale : Italie
Club actuel :
Paris Saint-Germain (France)
Date de naissance :
5 novembre 1992
Taille : 1,65 m
Poste habituel : milieu relayeur
Meilleur pied : droitier
Points forts : perd rarement le ballon ; fait de belles passes
Palmarès principal : champion de France avec le Paris Saint-Germain (2013, 2014, 2015, 2016)
Le sais-tu ? On appelle Verratti *Petit Kangourou*, *Petit Gnou* ou *Petit Hibou* ? Un indice : son surnom est vraiment chouette.

MEMPHIS DEPAY

Équipe nationale : Pays-Bas
Club actuel :
Olympique lyonnais (France)
Date de naissance : 13 février 1994
Taille : 1,76 m
Poste habituel : ailier gauche
Meilleur pied : droitier
Points forts : bon dribbleur ; sait jouer aussi du pied gauche
Palmarès principal : champion des Pays-Bas avec le PSV Eindhoven (2015)
Le sais-tu ? En 2017, contre Toulouse, Depay a réussi à lober le gardien en tirant du rond central ! Cet exploit lui a valu le trophée du plus beau but de la saison de Ligue 1.

ROBERT LEWANDOWSKI

Équipe nationale : Pologne
Club actuel :
Bayern Munich (Allemagne)
Date de naissance : 21 août 1988
Taille : 1,85 m
Poste habituel : avant-centre
Meilleur pied : droitier
Points forts : marque beaucoup de buts ; possède un bon jeu de tête
Palmarès principal : champion de Pologne avec Lech Poznań (2010) ; champion d'Allemagne avec le Borussia Dortmund (2011, 2012) et avec le Bayern Munich (2015, 2016, 2017)
Le sais-tu ? En 2015, lors d'un match entre le Bayern Munich et Wolfsbourg, Lewandowski a marqué 5 buts... en seulement 9 minutes ! Un record dans le championnat d'Allemagne.

CRISTIANO RONALDO

Équipe nationale : Portugal
Club actuel : Real Madrid (Espagne)
Date de naissance : 5 février 1985
Taille : 1,85 m
Poste habituel : ailier gauche
Meilleur pied : droitier
Points forts : costaud ; se démarque bien devant le but ; très précis dans ses tirs
Palmarès principal : champion d'Angleterre avec Manchester United (2007, 2008, 2009) ; champion d'Espagne avec le Real Madrid (2012, 2017) ; vainqueur de la Ligue des champions de l'UEFA avec Manchester United (2008) et avec le Real Madrid (2014, 2016, 2017) ; champion d'Europe avec le Portugal (2016) ; Ballon d'or (2008, 2013, 2014, 2016, 2017)
Le sais-tu ? Cristiano Ronaldo n'a qu'une idée en tête : marquer, marquer, marquer. Très efficace devant les cages, il a déjà inscrit plus de 600 buts depuis le début de sa carrière ! Un des tout meilleurs joueurs de l'histoire du foot.

IGOR AKINFEEV

Équipe nationale : Russie
Club actuel : CSKA Moscou (Russie)
Date de naissance : 8 avril 1986
Taille : 1,85 m
Poste habituel : gardien de but
Meilleur pied : droitier
Points forts : possède de bons réflexes ; sait bien se placer face aux attaquants
Palmarès principal : champion de Russie avec le CSKA Moscou (2003, 2005, 2006, 2013, 2014, 2016) ; vainqueur de la Coupe de l'UEFA avec le CSKA Moscou (2005)
Le sais-tu ? Depuis qu'il a commencé le foot, à l'âge de 7 ans, Akinfeev n'a jamais changé de club : il est resté fidèle au CSKA Moscou.

MAREK HAMŠÍK

Équipe nationale : Slovaquie
Club actuel : Napoli (Italie)
Date de naissance : 27 juillet 1987
Taille : 1,83 m
Poste habituel : milieu relayeur
Meilleur pied : droitier
Points forts : combatif ; bon passeur
Palmarès principal : vainqueur de la Coupe d'Italie avec le Napoli (2012, 2014)
Le sais-tu ? Hamšík est le meneur de jeu de l'équipe de Slovaquie. À ne pas confondre avec la Slovénie, un autre pays d'Europe centrale, qui a presque le même nom et le même drapeau !

EMIL FORSBERG

Équipe nationale : Suède
Club actuel : RB Leipzig (Allemagne)
Date de naissance : 23 octobre 1991
Taille : 1,79 m
Poste habituel : ailier gauche
Meilleur pied : droitier
Points forts : bon dribbleur ; excellent passeur
Palmarès principal : champion de Suède avec le Malmö FF (2013, 2014)
Le sais-tu ? Une passe décisive est une passe qui permet au partenaire recevant le ballon de marquer un but. Lors de la saison 2016-2017, Forsberg en a réalisé 19. Personne n'a fait mieux en Europe.

XHERDAN SHAQIRI

Équipe nationale : Suisse
Club actuel : Stoke City (Angleterre)
Date de naissance : 10 octobre 1991
Taille : 1,68 m
Poste habituel : ailier droit
Meilleur pied : gaucher
Points forts : costaud ; bon dribbleur
Palmarès principal : champion de Suisse avec le FC Bâle (2010, 2011, 2012) ; champion d'Allemagne avec le Bayern Munich (2013, 2014, 2015) ; vainqueur de la Ligue des champions de l'UEFA avec le Bayern Munich (2013)
Le sais-tu ? Devinette : quelle est la ville de Suisse qui rebondit le plus ? C'est Bâle, évidemment.

L'OCÉANIE

Sur ce continent formé de milliers d'îles, le foot essaie de se faire une place à côté du rugby. La Nouvelle-Zélande domine les 10 autres membres de l'OFC.

Dans une grande partie de l'Océanie, aux **Tonga** par exemple, le sport le plus populaire est le rugby, et il n'y a pas de clubs de foot professionnels. Pêcheurs, agriculteurs… les joueurs ont un travail et pratiquent le foot pour leur seul plaisir.

Auckland City est de loin le meilleur club du continent. Ce club néo-zélandais a remporté 9 fois la Ligue des champions de l'OFC, dont 7 fois d'affilée depuis 2011 !

Les **îles Cook** comptent à peine 22 000 habitants, dont 1 800 footballeurs licenciés qui jouent dans une quarantaine de clubs. Il s'agit de la plus petite fédération membre de la Fifa.

Avec 5 Coupes d'Océanie des nations, la **Nouvelle-Zélande** règne sur le foot océanien. Depuis que l'Australie a quitté l'OFC pour la zone Asie, en 2006, la Nouvelle-Zélande a perdu son plus grand rival.

L'équipe des **Samoa américaines** détient un triste record : celui du nombre de buts encaissés dans un match officiel. En 2001, elle a été battue par l'Australie 31 à 0 ! Nicky Salapu, le malheureux gardien de but, s'en souviendra longtemps…

Coupe du monde

Le vainqueur du groupe de qualification de la zone Océanie n'est même pas sûr de participer à la phase finale de la Coupe du monde : il doit encore disputer un barrage contre le 5e de la zone Amérique du Sud. Or les nations sud-américaines sont redoutables ! C'est une des raisons qui ont poussé l'Australie à rejoindre la confédération asiatique, qui dispose de 4 places qualificatives directes.

L'océan Pacifique nord
PAPOUASIE-NOUVELLE-GUINÉE
ÎLES SALOMON
VANUATU
SAMOA
SAMOA AMÉRICAINES
FIDJI
TONGA
ÎLES COOK
TAHITI
NOUVELLE-CALÉDONIE
L'AFC
NOUVELLE-ZÉLANDE
L'océan Pacifique sud
L'océan Austral
1 Tupapa Maraerenga FC
2 Ba FC
3 Nadi FA
4 AS Magenta
5 Auckland City FC
6 Waitakere United
7 Team Wellington FC
8 PRK Hekari United FC
9 Western United FC
10 Lupe o le Soaga
11 Kiwi FC
12 Pago Youth
13 AS Tefana
14 AS Dragon
15 Lotoha'apai United
16 Amicale FC
17 Tafea FC

EN OCÉANIE, IL Y A LE FOOTBALL DE PLAGE

Très répandu en Océanie, le football de plage est un sport spectaculaire : on y voit beaucoup de buts et de gestes acrobatiques. Les deux meilleures équipes du continent sont Tahiti et les Salomon.

Magnifique retourné ! Quand on retombe, même pas mal : le sable mou amortit la chute.

Le foot de plage se joue pieds nus sur du sable. Un match oppose 2 équipes de 5 joueurs pendant 3 périodes de 12 minutes chacune.

Tous les 2 ans se tient le championnat d'Océanie. Avec 4 victoires et 1 finale en 5 éditions, les *Bilikiki* des Salomon survolent le palmarès. Leur surnom vient du nom d'un oiseau local.

Le foot de plage, c'est du sérieux. Il existe même une Coupe du monde. Les *Tiki Toa* (« guerriers statues ») de Tahiti en ont atteint la finale en 2015 et 2017.

Le sable ralentit le ballon : difficile de dribbler un adversaire. Alors on passe par les airs. Contrôles de la poitrine, reprises de volée… quel spectacle !

TAYLOR SAGHABI

Équipe nationale : îles Cook
Club actuel :
West Ryde Rovers (Australie)
Date de naissance :
25 décembre 1990
Taille : 1,79 m
Poste habituel : ailier gauche
Meilleur pied : gaucher
Points forts : possède une bonne technique ; tire bien les coups francs
Palmarès principal : pas de trophée majeur
Le sais-tu ? En 2015, grâce à un triplé de Saghabi, les îles Cook ont battu les Tonga 3-0. Une des plus belles victoires dans l'histoire de cette sélection ! Au fait, comment appelle-t-on les habitants des îles Cook ? Les *Cookiens* ou les *Cookies* ? Tu as trouvé, ce sont les *Cookiens*.

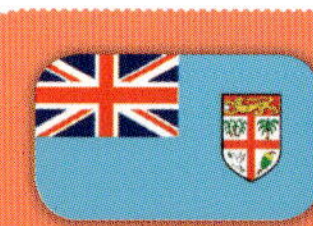

ROY KRISHNA

Équipe nationale : Fidji
Club actuel :
Wellington Phoenix FC (Nouvelle-Zélande ; participe au championnat d'Australie)
Date de naissance : 30 août 1987
Taille : 1,70 m
Poste habituel : ailier gauche
Meilleur pied : droitier
Points forts : rapide ; précis dans ses tirs
Palmarès principal : champion des Fidji avec le Labasa FC (2007) ; champion de Nouvelle-Zélande avec Waitakere United (2008, 2010, 2011, 2012, 2013) et avec Auckland City (2014) ; vainqueur de la Ligue des champions de l'OFC avec Waitakere United (2008) et avec Auckland City (2014)
Le sais-tu ? Vedette de sa sélection, Krishna est le seul footballeur professionnel des Fidji. Les autres sont amateurs : jouer au foot n'est pas leur métier.

JOËL WAKANUMUNÉ

Équipe nationale : Nouvelle-Calédonie
Club actuel :
AS Tiga sport (Nouvelle-Calédonie)
Date de naissance : 30 septembre 1986
Taille : 1,77 m
Poste habituel : milieu défensif
Meilleur pied : gaucher
Points forts : calme ; perd peu de ballons
Palmarès principal : champion de Nouvelle-Calédonie avec l'AS Magenta (2016) ; finaliste de la Coupe d'Océanie des nations avec la Nouvelle-Calédonie (2012)
Le sais-tu ? La Nouvelle-Calédonie est un territoire français… situé à plus de 16 000 km de Paris. Le trajet en avion dure 24 heures ! Elle possède sa propre équipe nationale et son propre championnat, mais ses clubs ont le droit de disputer la Coupe de France. Deux drapeaux représentent ce territoire pas comme les autres : le drapeau français et le drapeau kanak.

CHRIS WOOD

Équipe nationale :
Nouvelle-Zélande
Club actuel :
Burnley FC (Angleterre)
Date de naissance :
7 décembre 1991
Taille : 1,91 m
Poste habituel : avant-centre
Meilleur pied : droitier
Points forts : costaud ; bon de la tête
Palmarès principal : vainqueur de la Coupe d'Océanie des nations avec la Nouvelle-Zélande (2016)
Le sais-tu ? Pour se distinguer des *All Blacks*, la célèbre équipe de rugby de Nouvelle-Zélande, les footballeurs néo-zélandais jouent dans une tenue toute blanche. Leur surnom ? Les *All Whites* ! Buteur efficace, Wood est leur capitaine.

RONALD WARISAN

Équipe nationale :
Papouasie-Nouvelle-Guinée
Club actuel : Lae City Dwellers FC
(Papouasie-Nouvelle-Guinée)
Date de naissance : 15 septembre 1989
Taille : 1,78 m
Poste habituel : gardien de but
Meilleur pied : droitier
Points forts : vif ; possède un bon jeu au pied
Palmarès principal : champion de Papouasie-Nouvelle-Guinée avec le Lae City Dwellers FC (2015, 2016, 2017)
Le sais-tu ? Le 11 avril 2015, Warisan dispute un match de championnat avec son club des Dwellers. Soudain, sur une contre-attaque de son équipe, il décide de quitter ses cages, remonte tout le terrain en courant, et reprend un centre en retrait d'un coéquipier pour marquer du plat du pied. Un but rare, digne d'un attaquant !

NELSON SALE KILIFA

Équipe nationale : îles Salomon
Club actuel :
Nalkutan FC (Vanuatu)
Date de naissance : 7 octobre 1986
Taille : 1,78 m
Poste habituel : défenseur central
Meilleur pied : droitier
Points forts : costaud ; calme
Palmarès principal : champion de Vanuatu avec l'Amicale FC (2010, 2011, 2012, 2015) ; finaliste de la Coupe d'Océanie des nations avec les îles Salomon (2004)
Le sais-tu ? Les Salomon sont un archipel composé d'un millier de petites îles. Dans cette région de l'océan Pacifique, à cause du réchauffement du climat, l'eau monte d'environ 1 cm par an et recouvre peu à peu certaines îles. Cinq îles inhabitées des Salomon ont carrément disparu, englouties par l'océan !

RAMIN OTT

Équipe nationale : Samoa américaines
Club actuel : sans club
Date de naissance : 22 juin 1986
Taille : 1,86 m
Poste habituel : avant-centre
Meilleur pied : droitier
Points forts : puissant ; dirige bien ses partenaires sur le terrain
Palmarès principal : champion des Samoa américaines avec le Konica Machine FC (2007) et avec Pago Youth (2016)
Le sais-tu ? Longtemps considérée comme la plus mauvaise équipe nationale du monde, la sélection des Samoa américaines a gagné son premier match officiel en 2011, face aux Tonga, sur un but de Ramin Ott. Ce héros local joue au foot pour le plaisir, quand son travail le lui permet. Son métier ? Soldat dans l'armée américaine !

ALVIN TEHAU

Équipe nationale : Tahiti
Club actuel : AS Tefana
(Polynésie française)
Date de naissance : 10 avril 1989
Taille : 1,86 m
Poste habituel : milieu offensif
Meilleur pied : gaucher
Points forts : possède une bonne technique ; court beaucoup
Palmarès principal : champion de Polynésie française avec l'AS Tefana (2010, 2011, 2015, 2016) ; vainqueur de la Coupe d'Océanie des nations avec Tahiti (2012)
Le sais-tu ? Un Tehau peut en cacher... trois autres. En plus d'Alvin, Lorenzo (son frère jumeau), Jonathan (leur frère aîné) et Teaonui (leur cousin) font partie de l'équipe de Tahiti. En 2012, lors de la victoire 10-1 contre les Samoa, chacun a réussi à marquer. Jamais quatre footballeurs de la même famille n'avaient marqué dans un match officiel.

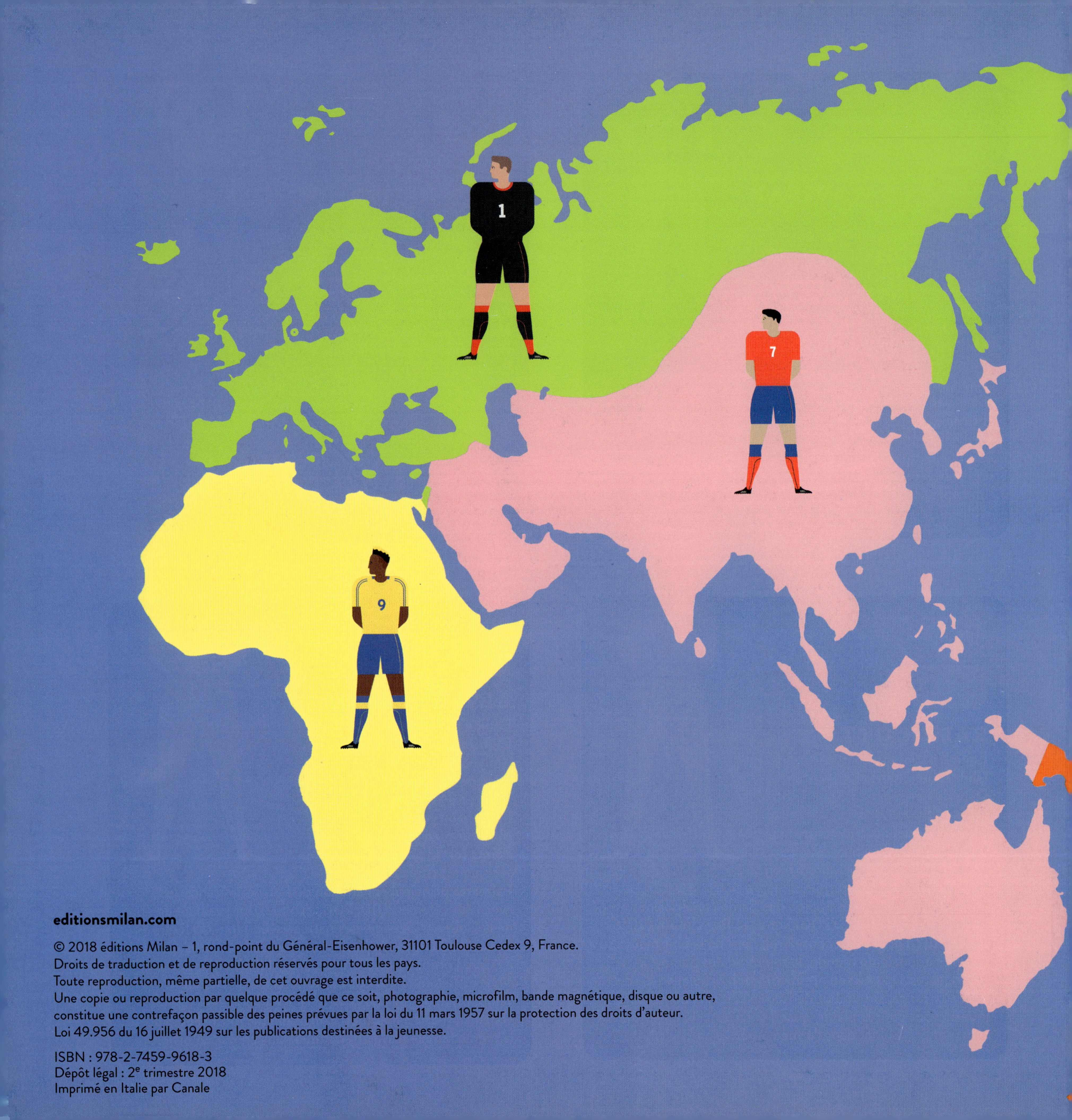

editionsmilan.com

Loi 49.956 du 16 juillet 1949 sur les publications destinées à la jeunesse.

ISBN : 978-2-7459-9618-3
Dépôt légal : 2e trimestre 2018
Imprimé en Italie par Canale

Winfried Schwabe

Lernen mit Fällen
Europarecht